¡Sonríe!

Vamos al dentista

Operaciones de sumas

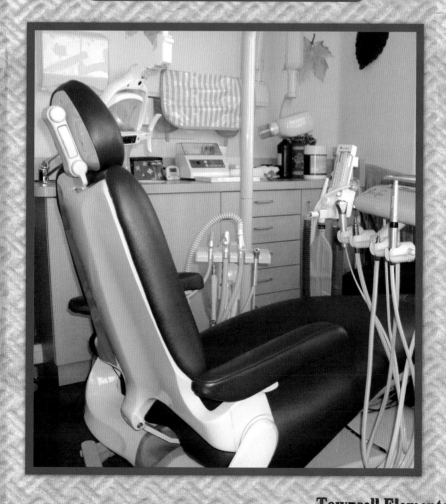

Loren I. Charles

Créditos

Dona Herweck Rice, *Gerente de redacción*; Lee Aucoin, *Directora creativa*; Don Tran, *Gerente de diseño y producción*; Sara Johnson, *Editora superior*; Evelyn Garcia, *Editora asociada*; Neri Garcia, *Composición*; Stephanie Reid, *Investigadora de fotos*; Rachelle Cracchiolo, M.A.Ed., *Editora comercial*

Un agradecimiento especial al consultorio y al personal de la dentista Melba Mayes, D.D.S., M.S., dentista pediatra, Chino Hills, CA.

Créditos de las imágenes

cover Stephanie Reid; p.1 Stephanie Reid; p.4 Stephanie Reid; p.5 Stephanie Reid; p.6 Stephanie Reid; p.7 Stephanie Reid; p.8 Stephanie Reid; p.9 Stephanie Reid; p.10 Stephanie Reid; p.11 Michael Ledray/Shutterstock; p.12 Stephanie Reid; p.13 Stephanie Reid; p.14 Stephanie Reid; p.15 Stephanie Reid; p.16 James Steidl/iStockphoto; p.17 Stephanie Reid; p.18 Stephanie Reid; p.19 jackhollingsworthcom, LLC/Shutterstock; p.20 Stephanie Reid; p.21 Stephanie Reid; p.22 (top left) Christophe Testi/Shutterstock, (bottom left) Iurii Konoval/Shutterstock, (right) Blue Lemon Photo/Shutterstock; p.23 UKRphoto/Shutterstock; p.25 (top left) Edyta Pawlowska/ Shutterstock, (top right) Alex Staroseltsev/Shutterstock, (middle) Lepas/Shutterstock, (bottom) Matthew Cole/Shutterstock; p.26 Cammeraydave/Dreamstime; p.27 Stephanie Reid

Teacher Created Materials

5301 Oceanus Drive
Huntington Beach, CA 92649-1030
http://www.tcmpub.com

ISBN 978-1-4333-2724-7

©2011 Teacher Created Materials, Inc.
Printed in China

Tabla de contenido

Vamos al dentista

Mi prima Jaden iba ir con una nueva **dentista** por la primera vez.

Ella tenía muchas preguntas.
Así que le conté cómo era.

Primero conoces a la dentista.

Te sientas en una silla grande. La silla se reclina para que la dentista pueda mirar dentro de tu boca.

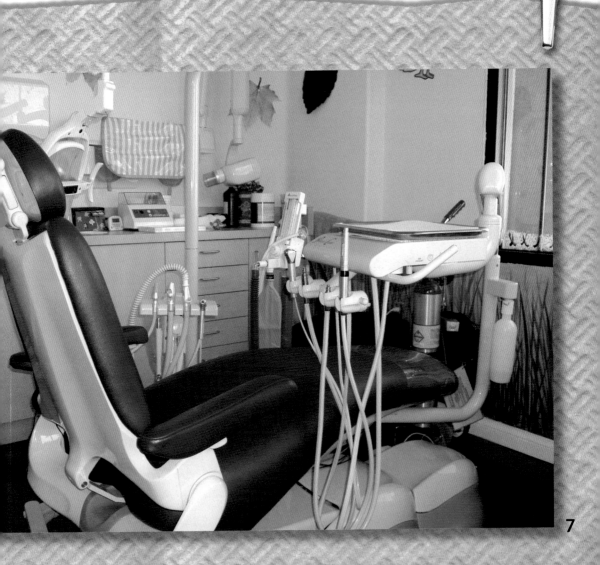

La dentista mira dentro de tu boca. Ella te revisa la lengua. Te examina las mejillas y las encías.

Los dentistas utilizan la **suma** para calcular cuántos dientes tienes.

Usa instrumentos para mirar dentro de tu boca. Ella quiere estar segura de que todo esté saludable.

Exploremos las matemáticas

A los 2 ó 3 años, ya tienes todos los dientes de bebé. Observa la siguiente ilustración. Luego contesta las preguntas.

a. ¿Cuántos dientes hay en la parte inferior?

b. ¿Cuántos dientes hay en la parte superior?

c. ¿Cuántos dientes hay en total?

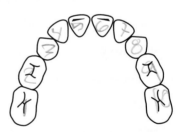
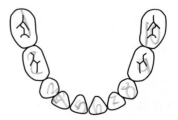

$$\boxed{10} + \boxed{10} = \boxed{20}$$

Es posible que la dentista te haga **radiografías** de los dientes. Las radiografías son fotos de los huesos.

Las radiografías muestran a la dentista si tienes problemas en los dientes.

Exploremos las matemáticas

A Elisa se le cayeron 3 dientes cuando estaba en el primer grado. Se le cayeron 4 cuando estaba en el segundo grado. ¿Cuántos dientes se le cayeron en total?

4 + 3 = 7

Luego la dentista usa un raspador para raspar la **placa**. La placa es pegajosa. No es buena para los dientes.

Luego te pule los dientes.

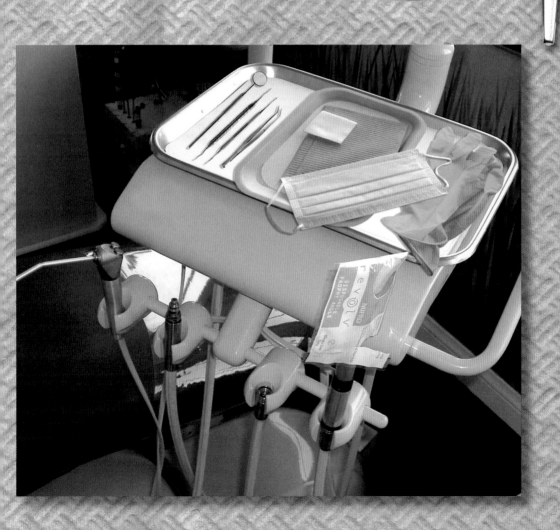

Una revisión final

Tus radiografías ya están listas.
La dentista las examina.

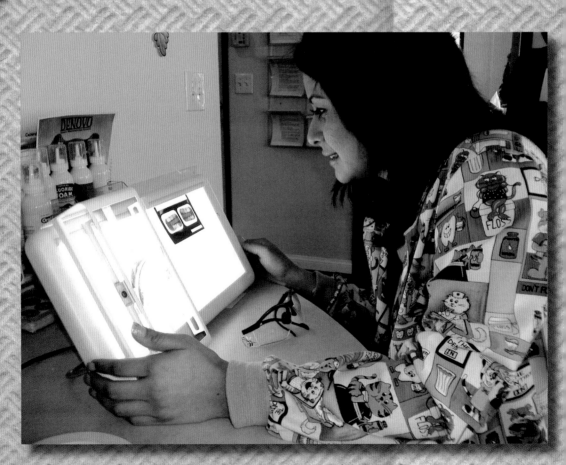

Despúes mira dentro de tu boca. Te cuenta lo que ve.

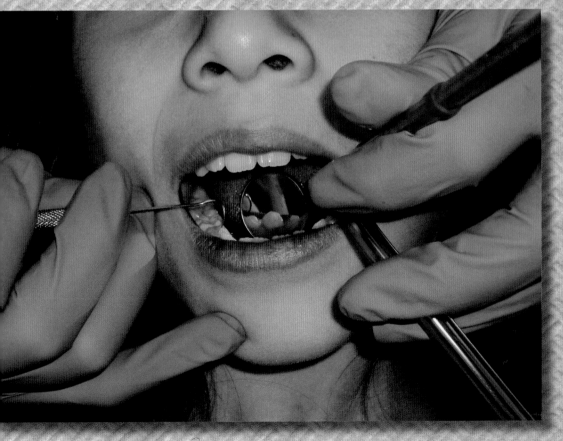

La doctora busca **caries** en cada diente. La caries es una parte blanda en un diente.

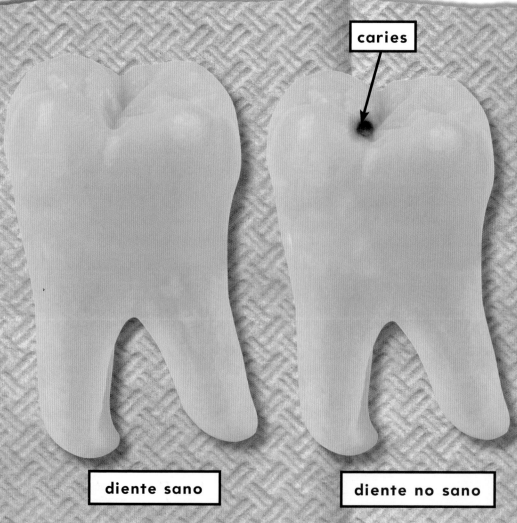

caries

diente sano

diente no sano

Es posible que la dentista encuentre una caries. Tendrías que regresar para que se repare.

Exploremos las matemáticas

La dentista encontró 1 caries en los dientes inferiores de Jaden. También encontró 2 caries en los dientes superiores. ¿Cuántas caries encontró?

$$1 + 2 = 3$$

La dentista también ve cómo funcionan
tus dientes cuando muerdes.

Quizás algún día necesites **frenos**.
Éstos ayudan a los dientes a
alinearse.

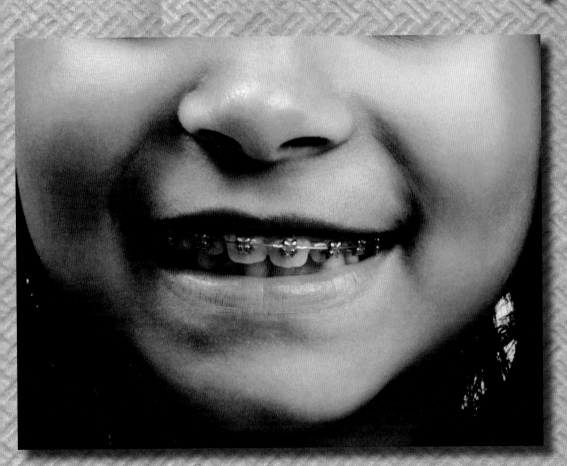

El cepillado y el hilo dental

La dentista te enseñará la manera correcta de cepillarte los dientes y a pasarte el **hilo dental**.

El hilo dental limpia el espacio entre los dientes. También mantiene sanas las encías.

Exploremos las matemáticas

Jaden dedica 4 minutos a cepillarse y pasarse hilo dental todas las mañanas. Por la noche, también se cepilla y pasa hilo dental por 4 minutos. ¿Cuánto tiempo dedica por día a cepillarse y pasarse hilo dental?

Es posible que la dentista te diga sobre las comidas que son malas para los dientes.

Quizás te muestre una tabla como ésta. Las comidas en la tabla pueden causar problemas. Debes cepillarte los dientes después de comerlas.

Comidas azucaradas
soda
dulces
mermelada
jarabe
goma de mascar con azúcar
galletas
rosquillas

Algunas comidas son buenas para los dientes. La dentista te dirá que comas los bocadillos de esta tabla.

Comidas que son buenas para los dientes
palomitas de maíz sin mantequilla
kiwi
queso
apio
zanahorias
frutos secos sin sal
galletas saladas con poca sal
cereales sin azúcar

Saben bien. ¡Y además mantienen tus dientes sanos!

Quizás la dentista te dé un nuevo cepillo e hilo dental al terminar.

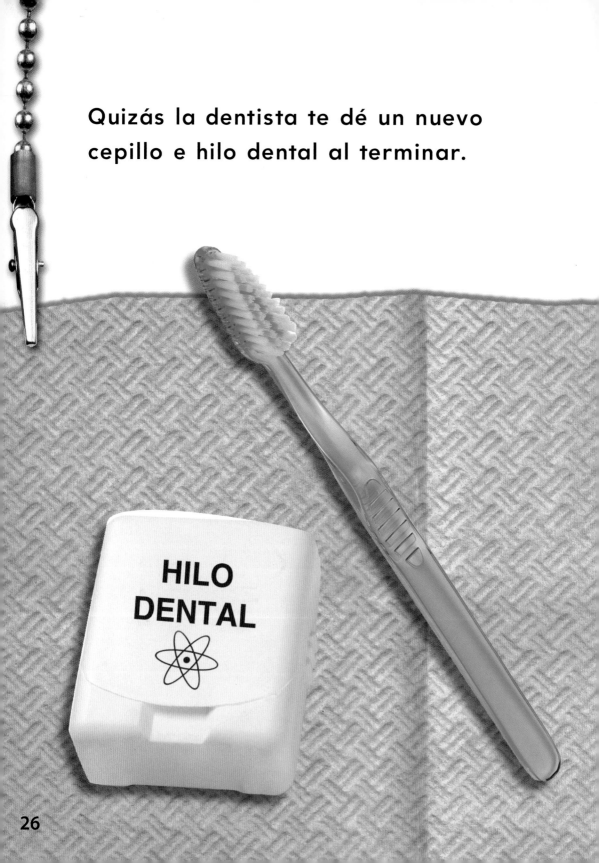

HILO
DENTAL

¡El mejor regalo que puedas recibir es una sonrisa saludable!

Los trabajadores de la Ciudad Feliz

En una comunidad trabajan muchas personas. Todas tienen trabajos especiales. Todos los trabajos ayudan a la gente de la comunidad.

La Ciudad Feliz es un pueblo muy pequeño. En la siguiente tabla se muestran algunos de los trabajos que tienen las personas. También se muestra cuántas personas los realizan. Usa la información de la tabla para contestar las preguntas.

Los trabajadores en la comunidad	Número de trabajadores
tenderos	III
trabajadores sanitarios	II
dentistas	I
bomberos	IIII
bibliotecarios	I
policías	IIII
médicos	III
abogados	II

a. ¿Cuántos tenderos y bomberos trabajan en total en la Ciudad Feliz?

b. ¿Cuántos trabajadores sanitarios y dentistas trabajan en total en la Ciudad Feliz?

c. ¿Cuántas personas trabajan en la Ciudad Feliz?

¡Resuélvelo!

Sigue estos pasos para resolver el problema.

Paso 1: Usa la tabla para hallar la cantidad de tenderos y bomberos.

Paso 2: Suma los dos números.

Paso 3: Usa la tabla para hallar la cantidad de trabajadores sanitarios y dentistas.

Paso 4: Suma los dos números.

Paso 5: Suma todas las marcas de conteo para hallar la cantidad total de personas que trabajan en la comunidad de la Ciudad Feliz. Intenta hacer grupos de 10. Luego suma todos los grupos de 10.

Glosario

caries—parte blanda o en mal estado de un diente

dentista—doctor que cuida los dientes

frenos—alambres que sirven para alinear los dientes

hilo dental—clase especial de hilo que se usa para limpiar entre los dientes

placa—sustancia pegajosa en los dientes que puede causar caries

radiografías—fotografías especiales de los dientes o los huesos

suma—unión de 2 o más números para obtener un número que se llama total

Índice

Exploremos las matemáticas

Página 9:
a. 10 dientes de leche
b. 10 dientes de leche
c. 20 dientes de leche

Página 11:
7 dientes

Página 17:
3 caries

Página 21:
8 minutos

Resuelve el problema

a. 7
b. 3
c. 20